Chers
bienvenue dans le monde de

Geronimo Stilton

L'Écho du rongeur
Rédaction

Geronimo Stilton

Téa Stilton

Benjamin Stilton

Traquenard Stilton

Patty Spring

Pandora Woz

Texte de Geronimo Stilton.
*Basé sur une idée originale d'*Elisabetta Dami.
*Coordination des textes d'*Isabella Salmoirago.
Coordination éditoriale de Patrizia Puricelli.
*Édition d'*Alessandra Rossi.
Coordination artistique de Roberta Bianchi.
Assistance artistique de Lara Martinelli *et* Tommaso Valsecchi.
Couverture de Giuseppe Ferrario *(dessins et couleurs).*
Illustrations intérieures de Danilo Barozzi *(dessins) et de* Giulia Zaffaroni *(couleurs).*
Graphisme de Yuko Egusa.
Cartes : Archives Piemme.
Traduction de Titi Plumederat.

www.geronimostilton.com

Loi 49-956 du 16 juillet 1949 sur les publications destinées à la jeunesse
Dépôt légal : second semestre 2011
Numéro d'édition : 19346
ISBN-13 : 978 2 226 23098 0
Imprimé en France par Pollina - L57537

Geronimo Stilton

BIENVENUE CHEZ LES TÉNÉBRAX !

ALBIN MICHEL JEUNESSE

VOUS AIMEZ LES SURPRISES ?

Vous aimez les surprises ?
Oui ? Vraiment ?
Eh bien, chers amis rongeurs, je suis heureux de vous annoncer que… ceci n'est pas une histoire comme les autres ! C'est une aventure qui se termine par un coup de théâtre. Alors, si vous aimez les émotions fortes…
continuez votre lecture !
Mais attention, la surprise arrivera dans les toutes dernières pages ! Je ne peux pas vous en dire plus, sinon vous devineriez ce que c'est et je ne veux pas vous gâcher le plaisir…

BONNE LECTURE !

QUI M'A APPELÉ « CHOUCHOU » ?

C'était un sombre après-midi d'automne.
Un vent déchaîné SOUFFLAIT dans les rues, arrachant aux arbres les dernières feuilles mortes, faisant s'envoler le chapeau des rongeurs et les parapluies des rongeuses. Dans le ciel, de gros nuages gris se poursuivaient et, de temps en temps, des éclairs zébraient l'obscurité…
Terré dans mon bureau, à *l'Écho du rongeur*, je relevai le col de ma veste, parce qu'il faisait FROID, et me préparai une bonne tasse de thé bien CHAUD.
Excusez-moi, je ne me suis pas encore présenté : mon nom est Stilton, *Geronimo Stilton*.

Brrr... Il fait froid !

Je dirige *l'Écho du rongeur*, le journal le plus célèbre de l'île des Souris !

Ainsi donc, comme je vous le disais, j'étais au travail en train de boire une bonne TASSE de thé bien chaud. Je cherchai quelque chose à grignoter dans le tiroir de mon bureau…

– Des CHOCOLATS au fromage fourrés à la crème de truffes !

J'en avalai un, m'efforçant de ne pas penser aux conseils de la DIÉTÉTICIENNE, madame Balancette Durégime, qui m'avait dit d'éviter les chocolats. Puis j'en grignotai un autre, ignorant la petite voix du **BON SENS** qui ne cessait de répéter qu'il ne faut jamais exagérer avec les bonnes choses.

Mais ces petits chocolats étaient vraiment irrésistibles !

J'en déballai un troisième, évitant de

BALANCETTE DURÉGIME

penser aux recommandations de mon DENTISTE, le fameux docteur Kary Karié.

– Allez, un dernier… me promis-je à moi-même.

J'enfonçai avec délice mes dents dans l'enveloppe de chocolat CROQUANT, savourant l'exquise crème de truffes, lorsque, soudain, une voix siffla dans mon oreille gauche :

– Tu aimes ça, les chocolats, hein, chouchou ?

Je m'exclamai, épouvanté :

– Qui a parlé ? – Qui a parlé ?

– Qui a parlé ? – Qui a parlé ?

– Qui a parlé ? – Qui a parlé ?

Je me levai d'un BOND, mais trop brutalement, et tombai à la renverse, mon GENOU heurtant le bureau.

Je me débattis pour tâcher de garder l'équilibre, mais je renversai le téléphone, qui me tomba sur une patte, et je me mis donc à sautiller sur l'autre, mais trébuchai sur le tapis…

Je m'aplatis sur la table et me BRÛLAI le museau contre une ampoule bouillante.

Je poussai un CRI et fis un saut en arrière, mais, déstabilisé, mon arrière-train alla s'écraser par terre.

Puis tout devint noir, et je ne vis plus rien… C'est alors seulement, au moment où je m'évanouis, que je compris que la voix que j'avais entendue ne pouvait être que celle de Ténébreuse !

1
Une voix derrière moi siffla :
« Chouchou »…
Je sursautai, épouvanté !
2
Je me levai et me cognai le genou.
3
Je renversai le téléphone
qui me tomba sur une patte.
4
Je trébuchai sur le tapis.
5
Je me brûlai le museau avec la lampe.
6
Mon arrière-train s'écrasa par
terre et tout devint noir !

DES BANDELETTES ?

Quand je revins à moi, je ne me souvenais de rien ! Je voyais tout en BLANC. Le plafond était blanc, les murs étaient blancs, le sol de la pièce où je me trouvais était blanc. Et les draps du lit sur lequel j'étais allongé étaient blancs, la blouse de la doctoresse qui me **FIXAIT** d'un air sévère était blanche, les bandelettes qui entouraient mon corps étaient blanches…

– Quoiiii ? Un liiiiiiiit ? Une doctoreeeesse ? Des bandelettes ? Mais je suis à l'HÔPITAL !!! m'écriai-je, épouvanté. Qu'est-ce que je

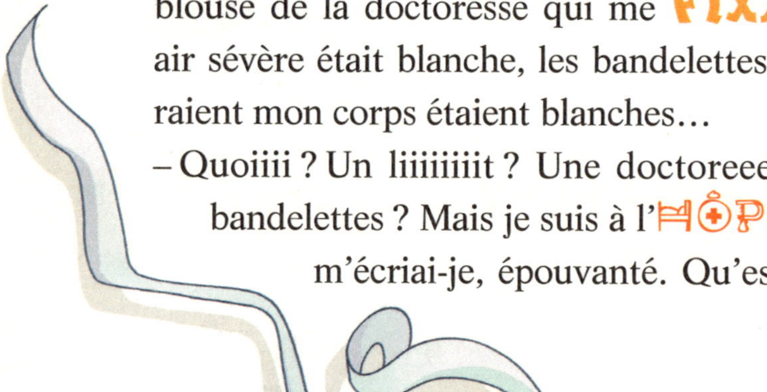

fais ici ? Pourquoi suis-je enveloppé dans des BANDELETTES de la pointe des oreilles jusqu'au bout des pattes ? C'est… *grave* ? S'il vous plaît, je veux savoir la VÉRITÉ !

La doctoresse ne répondit pas, elle avait l'air embarrassé. Elle ouvrit la bouche, comme pour parler, puis la referma, hésitant.

Puis elle la rouvrit. Et la referma.

La re-rouvrit et la re-referma.

La re-re-rouvrit et la re-re-referma.

Enfin, elle la re-re-re-rouvrit et la re-re-re-referma, décidée, et il semblait vraiment qu'elle allait dire quelque chose, quelque chose d'IMPORTANT à propos de ma santé, lorsque…

DE L'ESSENCE DE MOMIE !

Avant que la doctoresse ait pu prononcer une syllabe, *quelqu'un* entra.

Quelqu'un qui avait un museau au pelage délicat, *quelqu'un* qui se pencha vers moi avec une expression tendre et empressée, *quelqu'un* qui avait des lèvres douces voilées d'un rouge couleur prune, *quelqu'un* qui, de ces lèvres couleur prune, m'effleura le front. Je sentis un inoubliable parfum de... d'ESSENCE DE MOMIE !

Deux fascinants YEUX verts me fixèrent : c'était bien elle, TÉNÉBREUSE TÉNÉBRAX !

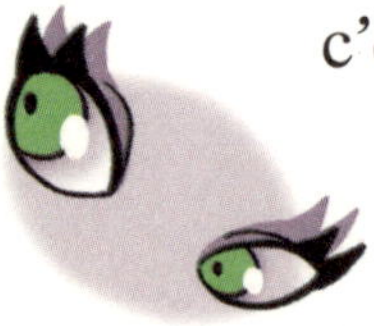

Ténébreuse murmura doucement :

– Du CALME, chouchou, tout va bien !

Je protestai :

– Mais non, tout ne va pas bien ! **Pourquoi suis-je à l'hôpital ? ? ? ?**

Puis je me souvins : la glissade sur le tapis… le bureau… la lampe… l'arrière-train…

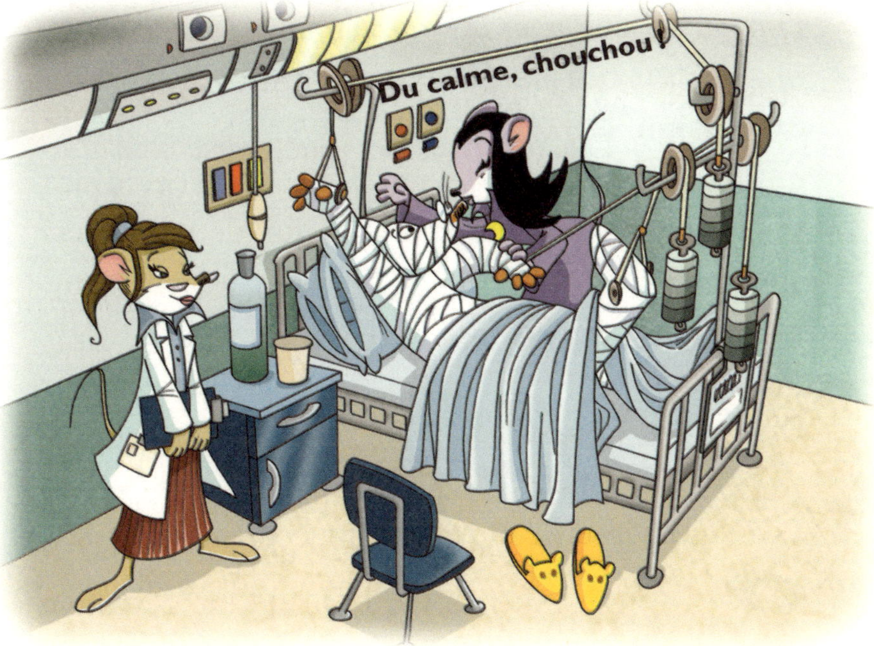

Je hurlai :

– Chaque fois que je te vois, il m'arrive *quelque chose*, Ténébreuse. *Quelque chose* de désagréable. *Quelque chose* de très DÉSAGRÉABLE…

– Mais, chouchou, pourquoi dis-tu cela ? Tu voudrais toujours que j'aie tort, tu sais que je suis une rongeuse sensible, et ça me fait SOUFFRIR ! Moi, tout ce que je voulais, c'était te faire une belle *surprise*…

Une belle SURPRISE ?

Les surprises de Ténébreuse sont toujours de véritables CAUCHEMARS !

– Merci beaucoup pour la *surprise*, Ténébreuse, mais, la prochaine fois, je préférerais ne pas me retrouver à l'hôpital ! Il me semble que ce n'est pas une exigence absurde, non ? Il suffirait que je ne me retrouve pas PLÂTRÉ de la pointe des oreilles à la pointe de la queue chaque fois que nous nous voyons !

Ténébreuse soupira, boudeuse :

– Tu n'es vraiment qu'un **INGRAT** ! Et moi qui suis restée là, à te veiller toute la nuit…

– C'est vrai, monsieur Stilton, vous n'êtes vraiment qu'un **INGRAT** ! ajouta la doctoresse en écho. Je croyais que, puisque vous êtes un écrivain, vous étiez sensible, mais en fait…

– Mais, *vraiment*, je…

– *Vraiment*, monsieur Stilton, vous devriez vous excuser ! Mademoiselle Ténébreuse est restée toute la nuit à votre chevet, en **LARMES**…

– Et moi, que devrais-je dire ? J'étais en train de manger des chocolats et, quand je rouvre les yeux, je me retrouve à l'hôpital…

– **ALORS, CES EXCUSES, ON DOIT LES ATTENDRE LONGTEMPS, MONSIEUR STILTON ?**

me réprimanda la doctoresse. Vous ne vous êtes pas aperçu que mademoiselle Ténébreuse vous aimait ?

Et, avec un clin d'œil, elle ajouta :

– Pourquoi ne vous MARIEZ-vous pas, tous les deux ?

Ténébreuse déposa un bisou sur mes moustaches.

– C'est vrai, chouchou, pourquoi ne nous marions-nous pas ? Même la doctoresse le dit !

Je soupirai.

Je sais que Ténébreuse m'aime bien.

Moi aussi, je l'aime bien.

Je sais aussi que Ténébreuse a très envie de se marier pour avoir sa MAISON, pour fonder une famille, avoir plein de PETITES SOURIS, etc., etc.

Mais pourquoi faudrait-il que ce soit moi qui l'épouse ?

Je ne suis pas certain qu'elle soit vraiment la rongeuse de ma vie...

Vous connaissez notre histoire ? Nooooon ? Alors je vais vous la résumer.

TÉNÉBREUSE ET MOI,
NOUS NOUS CONNAISSONS
DEPUIS DE NOMBREUSES ANNÉES...

TOUT A COMMENCÉ COMME ÇA, VRAIMENT COMME ÇA…

La première fois que je l'ai vue, Ténébreuse m'a entraîné dans une tombe ! En fait, ce n'était pas vraiment une tombe, mais sa chambre aménagée dans une crypte lugubre. Elle est une célèbre réalisatrice de films d'horreur et je cherchais des renseignements pour un livre sur Halloween…

C'est à ce moment-là qu'elle décida que j'étais son genre de souris. Elle commença à raconter à tout le monde que nous étions fiancés et elle se mit à m'appeler « chouchou » ! Elle me força même à danser la valse romantique des chauves-souris !

Depuis lors, Ténébreuse me tourmente : elle me téléphone toujours avant d'aller dormir… c'est-à-dire à l'aube ! Eh oui, comme toute sa famille, elle ne se couche jamais avant l'aube et ne se réveille jamais avant le soir !

Quand je suis avec elle, il m'arrive toujours des choses épouvantables… Comme la fois où elle m'a emmené dans son corbillard décapotable à Châteaucrâne ! Un endroit qui donne la chair de poule !

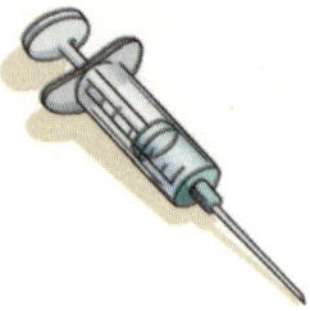

LA FAMILLE TÉNÉBRAX A BESOIN D'AIDE !

Pendant que je me souvenais des circonstances dans lesquelles j'avais connu Ténébreuse, elle me HURLA dans l'oreille :
– Sais-tu pourquoi j'étais venue te chercher,

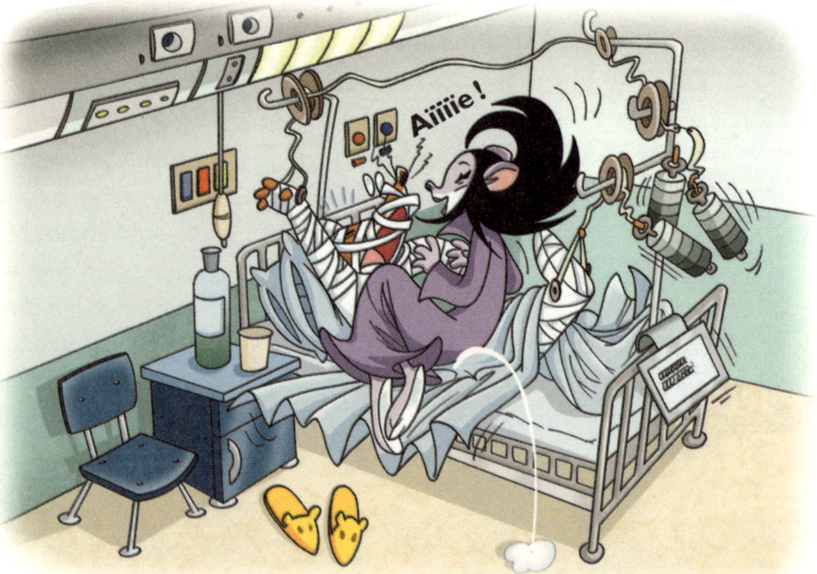

chouchou ? J'ai quelque chose d'**important** à te dire…
Elle sauta sur le lit et retomba sur ma jambe bandée, m'arrachant un cri de douleur :
– AÏIIIE ! Attention à ma jambe !
Elle soupira :
– Mais quelle chochotte ! Bon, voici cette chose importante que je dois te dire…
Elle baissa la voix :
– Chouchou, tu dois venir avec moi à CHÂTEAUCRÂNE ! Ma famille a besoin d'aide ! Quelqu'un veut **DÉTRUIRE** notre château et les *très rares et merveilleuses* plantes de notre parc. Ce sont toutes des PLANTES en voie d'extinction qu'il faut absolument PROTÉGER !

Je me lissai les moustaches, qui avaient été roussies par la lampe lorsque j'étais tombé dans mon bureau.

– Je comprends, Ténébreuse, mais moi, je suis un rongeur très **OCCUPÉ** : la rédaction, le journal, ma famille… Et puis d'ailleurs, je ne me sens pas très bien, voilà !

C'est alors que la doctoresse m'interrompit d'un ton décidé :

– Oh, cela va vous remettre sur pattes, vous allez voir, vous allez guérir d'un seul coup !

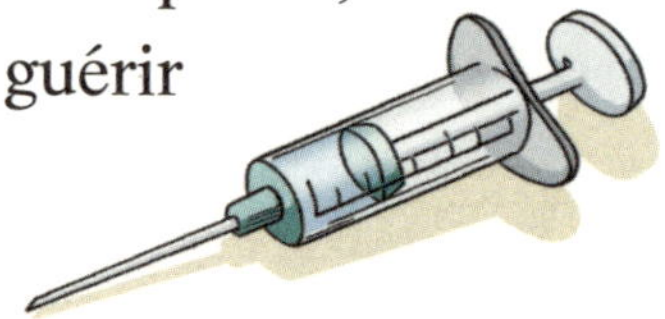

Et elle planta par traîtrise une **SERINGUE** dans mon arrière-train, s'exclamant d'un ton ravi :

– Et voilà, comme ça, vous n'aurez plus d'excuses !

Entre-temps, désespérée, Ténébreuse avait pleuré, TREMPANT mes draps de ses larmes.

– Mais j'ai besoin de toi, moi, chouchou, comment peux-tu refuser ? Tu es le seul qui puisse nous aider, moi et ma famille… Nous comptons tous sur toi !

Je SOUPIRAI. Ténébreuse savait comment s'y prendre avec moi : je suis incapable de dire non à mes amis… Et puis, c'est vrai, j'aime bien la famille Ténébrax, ils ont toujours été gentils avec moi *(en dehors du fait qu'ils veulent toujours me marier à Ténébreuse)*. Et puis, la NATURE, c'est important, et, s'il y avait des espèces rares à sauver, je ne pouvais pas me défiler !

COUCHER DE SOLEIL À CHÂTEAUCRÂNE

Le lendemain, je me préparai avec soin pour faire HONNEUR à la famille Ténébrax. Je suis un gars, *ou plutôt un rat*, très BIEN ÉLEVÉ et je veille sur mon apparence.

Je commençai donc par prendre une **DOUCHE**, me *parfumai* avec quelques gouttes d'essence de roquefort… mon parfum préféré ! Puis je m'habillai élégamment et me coiffai soigneusement.

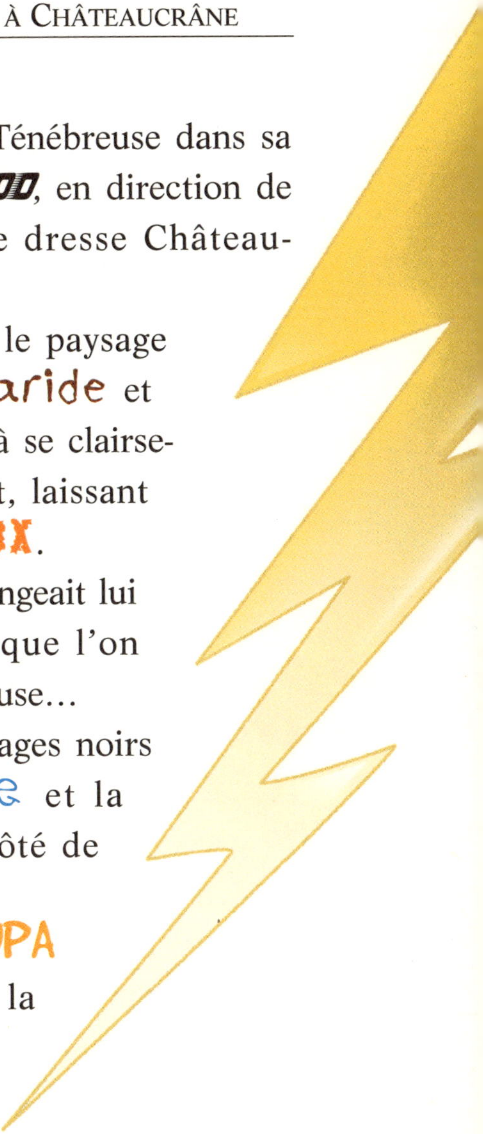

Une fois prêt, je partis avec Ténébreuse dans sa TURBO-TOMBOHOOVER 3000, en direction de la vallée Mystérieuse, où se dresse Châteaucrâne.

Plus nous approchions, plus le paysage changeait. Le terrain devint aride et sec, la végétation commença à se clairsemer et les arbres disparurent, laissant place à des buissons ÉPINEUX.

En même temps, le temps changeait lui aussi, comme toujours lorsque l'on pénètre dans la vallée Mystérieuse…

Le ciel se remplit de gros nuages noirs qui annonçaient la pluie et la FOUDRE tomba juste à côté de nous.

Son éclair flamboyant DÉCOUPA sur l'horizon le château de la famille Ténébrax !

Comme toujours, Ténébreuse conduisait en enfonçant l'ACCÉLÉRATEUR au plancher. J'essayai de lui dire de rouler moins vite, mais elle ne m'écoutait pas et continuait à bavarder...
Aussi, je fermai les yeux, en pensant : « Pourvu qu'elle Ralentisse, pourvu qu'on n'ait pas d'accident, pourvu que la voiture soit sûre, pourvu qu'elle ait été régulièrement RÉVISÉE par le garagiste... »
J'étais terrorisé, mais, comme si de rien n'était, Ténébreuse ne cessait de parler et d'enfoncer l'ACCÉLÉRATEUR !
– Chouchou, c'est si gentil de m'accompagner : ma famille sera très contente de te voir !
Et elle enfonçait encore un peu plus l'accélérateur...
Et elle continuait de bavarder :
– Chouchou, c'est pour ça que je t'aime bien : tu es une souris sur qui on peut compter, toujours, en toutes circonstances...

CHÂTEAUCRÂNE

Et elle enfonçait encore un peu plus l'accélérateur…

Et elle continuait de parler, d'un air rêveur :

– Chouchou, ma famille t'aime bien, tu verras, ils t'ont préparé une belle fête !

Tu es un vrai trésor !

Et elle enfonçait encore un peu plus l'accélérateur…

Et elle continuait de bavarder mais je n'en pouvais plus…

Pourquoi Ténébreuse continuait-elle à parler et à enfoncer l'accélérateur ?

À la fin, je hurlai, exaspéré :

– ÇA SUFFIIIIIT !

On entendit alors un bruit de frein, la voiture ralentit, le moteur rétrograda et, enfin, s'ÉTEIGNIT.

Par mille mimolettes, nous étions à l'arrêt !

Je pensai : « Comme elle est gentille, elle s'est arrêtée pour moi ! »

Mais Ténébreuse dit :

– Pas besoin de CRIER, chouchou. Nous sommes arrivés !

C'est alors seulement que j'ouvris les yeux. Devant moi, il y avait un château. Le **CHÂTEAU** des Ténébrax !

CHÂTEAUCRÂNE
— LE CHÂTEAU DES TÉNÉBRAX —

Fleurs puantes, épines vénéneuses et insectes voraces

Nous étions à l'entrée du parc qui entoure le château des Ténébrax. Ténébreuse s'engagea dans un sentier BOUEUX, m'invitant à la suivre. Mais je n'en avais pas envie : je ne voulais pas salir mon pantalon.

Elle insista :

– Allez, chouchou, l'air de la CAMPAGNE te fera du bien ! Tu es toujours enfermé dans ton bureau… Est-ce que tu sens le parfum de ces fleurs ?

En vérité, je ne sentais aucun parfum de fleur. Au contraire, il y avait une ODEUR étrange…

Puis je compris d'où elle venait : j'avais marché sur la crotte de quelque ANIMAL !

Ténébreuse se mit à m'indiquer avec enthousiasme des plantes inconnues :
– Cette fleur, là, c'est un spécimen très RARE d'*Epinoptère Trépointus*, tu as vu toutes ces épines ? Et là, c'est un buisson de *Puantalis Cocothia*, tu sens cette ODEUR ? Et la plante, là-bas, au bord de la route, c'est une *Mysteriosa Planta* : personne, pas même les SAVANTS, ne sait exactement à quelle espèce elle appartient...

Au secours !

Chère amie !
HORRORIFICA DENTIBULATA
PUANTALIS COCOTHIA

J'étais tellement occupé à retenir ces noms bizarres que je ne m'aperçus pas que...

... Je ne m'aperçus pas que, sur ma gauche, une plante CARNIVORE s'apprêtait à me mordre à pleines dents.

– ATTENTION ! entendis-je crier.

Sans réfléchir, je fis un bond de côté. Ouf, il était temps ! Sinon, la plante carnivore m'aurait **TRANCHÉ** le nez ! Là, elle ne réussit qu'à mordre ma cravate ! Un bout de tissu resta accroché à ses dents : elle le mâchouilla, tout heureuse. Ténébreuse la caressa tendrement.

– C’est ma **préférée** : une plante carnivore très rare, qui s’appelle la *Crocasouris Hachémenus*. Regarde, elle a des **DENTS** aiguisées comme des couteaux !

– J’ai vu, elle a **MANGÉ** ma cravate ! Tu ne pourrais pas lui limer un peu les dents ? Comment je vais faire, moi, sans cravate…

– Mais enfin, chouchou, ce sont les dents **AIGUISÉES** qui font tout le charme de la *Crocasouris* ! Tu ne t’y connais vraiment pas en plantes !

Je ne m’y connais peut-être pas en **PLANTES**, mais je savais que celles qui poussaient dans ce parc n’étaient pas des plantes *normales* !

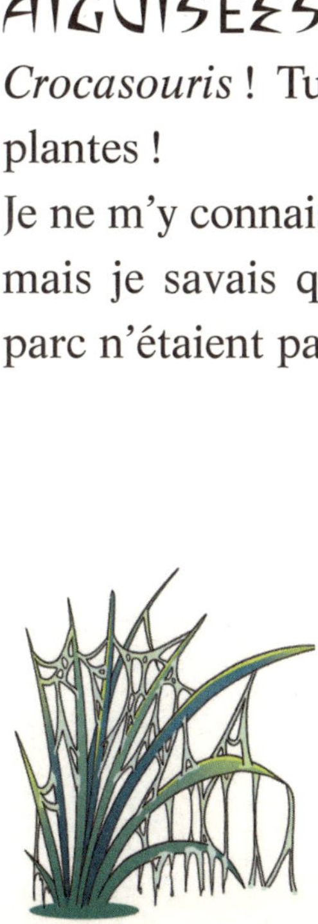

Il y avait des arbustes qui, pour se protéger, LANÇAIENT des épines, des plantes grimpantes qui crachaient un liquide puant, des petites plantes qui pulvérisaient des nuages d'un poison jaunâtre, des buissons épineux imprégnés de substances IRRITANTES, des arbustes avec des tentacules capables d'étrangler un géant, des plantes recouvertes d'une bave GLUANTE qui emprisonnait tout ce qui passait à proximité !

Il fallait que je fasse attention où je fourrais mes pattes, ma queue, mon nez et même mes moustaches !

Mais il fallait vraiment TRAVERSER cet endroit ? Nous ne pouvions pas nous contenter d'une petite balade dans un champ de marguerites ?

En plus, au milieu de toutes ces plantes bizarres et dangereuses vivaient des animaux encore plus bizarres et dangereux : des serpents jaunes dont la morsure était *venimeuse*, des araignées bleues aux dents pointues et *venimeuses*, des mille-pattes aux pattes rouges elles aussi *venimeuses*, des vers de toutes dimensions et de toutes couleurs, mais tous *venimeux*, et, dans les airs, voletaient d'HORRIBLES insectes de toutes sortes… évidemment *venimeux* !

Ce fut une promenade terrible, et j'étais ahuri mais aussi DÉÇU.

Je me disais : « Comment cela ? Ce sont là les plantes et les animaux que nous devons sauver de l'extinction ? Moi, je croyais devoir sauver des fleurs parfumées, des arbres luxuriants et des ani-

maux mignons… Alors que là, il n'y a que de la boue et de la puanteur ! C'est un paysage de CAUCHEMAR ! »

Mais, étant donné que je suis un gars, *ou plutôt un rat*, **bien élevé**, je ne disais rien pour ne pas blesser Ténébreuse et j'écoutais ses explications.

Car elle parlait, parlait, parlait…

Cependant, je pensais à ma veste qui était toute salie, à ma cravate mâchouillée et à mon pantalon qui était de plus en plus crotté…

C'est alors que j'entendis un BRUIT bizarre.

– Tu as entendu, Ténébreuse ? On dirait des ossements qui s'entrechoquent. Ou plutôt, non, on dirait un bruit de DENTS qui claquent. Comme des mâchoires de requin, ou plutôt non, comme des mâchoires de…

… de **crocodile** !

Je fis un bond de côté juste à temps pour éviter qu'une double rangée de dents très pointues se referme sur ma queue. Puis je m'ENFUIS en courant aussi vite que je pouvais !
Le crocodile était sorti du fossé qui entourait Châteaucrâne et semblait décidé à me dévorer, mais, heureusement, il renonça à me poursuivre...

Dès que je fus en sécurité, je hurlai :

– Ça suffiiit !

Si tu veux DÉFENDRE ces plantes rarissimes et ces terribles animaux VENIMEUX et dangereux... il faudra que tu le fasses toute seule. Moi, je retourne immédiatement à Sourisia !

Elle secoua la tête :

– Chouchou, tu n'as vraiment RIEN compris ! Peu importe qu'une fleur soit parfumée ou qu'elle pue, qu'un animal soit sympathique ou non : chaque espèce a le droit d'être respectée. C'est justement le fait qu'il y ait tant d'espèces différentes qui rend la nature aussi riche. La diversité est un trésor à protéger !

Je réfléchis un instant, puis je m'excusai :

– Tu as raison, Ténébreuse.

Elle m'indiqua bien d'autres espèces rares et bizarres, presque toutes en voie d'extinction, me décrivant leurs habitudes et leurs caractéristiques et, peu à peu, je me **PASSIONNAI** pour cette végétation exotique, unique, différente de toutes les autres. Je pris d'innombrables notes et beaucoup de **PHOTOGRAPHIES**…

L'ÉTRANGE CHÂTEAU DE L'ÉTRANGE FAMILLE TÉNÉBRAX

J'étais tellement concentré sur toutes ces photos que j'avais OUBLIÉ que j'étais à Châteaucrâne. À la pensée que j'allais visiter encore une fois cet étrange bâtiment, mes moustaches vibrèrent de PEUR !

Ce château est rempli d'une infinité de PIÈCES, salles, halls, antichambres, chambres… qui ouvrent sur de longs couloirs, de courts couloirs, de moyens couloirs sombres comme la GUEULE d'un chat ! Bref, c'est une sorte de labyrinthe, où l'on a plus vite fait de se perdre que d'avaler un morceau de fromage !

Bien qu'il se soit écoulé beaucoup de temps depuis, je me souvenais parfaitement de ma première **visite** à Châteaucrâne ! Et savez-vous pourquoi ? Parce que…

1. Dans le jardin, il y a un bassin où nagent des centaines de **PIRANHAS** prêts à dévorer les intrus !

2. Dans la serre poussent de féroces **FRAISES CARNIVORES** !

3. Les fenêtres chantent, les volets claquent et les matelas vous chatouillent !

4. Les **TOILETTES** essaient toujours d'aspirer les hôtes !

5. Le tapis de la salle des invités s'amuse à emprisonner les gens !

6. Dans la chevelure de la gouvernante, madame Latombe, niche son féroce canari-garou !

7. Dans le fossé vit la CHOSE et il ne faut pas passer trop près d'elle quand elle a faim… mais la Chose a toujours faim !

8. Il y a une piscine avec des REQUINS affamés en embuscade.

CHOUCHOU, LA FAMILLE T'ATTEND !

Ténébreuse me prit par le bras et dit :

– Viens, chouchou, ma FAMILLE nous attend !

Elle me traîna sur le pont-levis et frappa à la porte du château.

TOC, TOC, TOC !

Aussitôt, Anémine, la plante carnivore de garde, souleva ses pétales, MÉFIANTE.

Mais Ténébreuse lui fit une caresse qui la calma.

Cependant, de nombreux museaux que je connaissais bien étaient apparus aux fenêtres, et j'entendis des voix familières crier :

– C'est eux, ils sont là !

C'est eux, ils sont là !

C'est pour quand, le mariage ?
Les voici !
Enfin !

En vérité, ils criaient également :

– Félicitations pour les fiançailles ! C'est pour quand, le mariage ?

Mais je fis comme si je n'avais rien entendu : je ne veux pas épouser Ténébreuse !

J'ajustai le col de ma chemise, arrangeai celui de ma veste aussi bien que possible et arborai un SOURIRE de circonstance : j'étais très gêné de me présenter devant la famille Ténébrax avec une cravate MÂCHOUILLÉE !

La porte de bois cloutée s'ouvrit en grinçant, et il en sortit un gars, *ou plutôt un rat*, très sec, tout de noir vêtu, portant un chapeau haut de forme sur la tête et d'épais favoris blancs.

Je le reconnus aussitôt : c'était SOUTERRAT TÉNÉBRAX, le père de Ténébreuse !

Il embrassa sa fille, puis me salua avec un clin d'œil :

– *Tiens, un revenant !*

Puis il ajouta, ému :
– Merci d'être venu, Geronimo ! C'est quand on est dans le BESOIN que l'on compte ses véritables amis et maintenant… nous sommes vraiment dans le BESOIN !

Souterrat se moucha bruyamment dans un grand mouchoir noir sur lequel étaient BRODÉS des osselets.

Puis il poursuivit :

– Nous avons besoin de tout le monde pour défendre le vieux château de Châteaucrâne et sauver les mignonnes petites plantes de la vallée Mystérieuse, sans parler des PETITES BÊTES SANS DÉFENSE qui vivent dans notre parc !

Mignonnes petites plantes ? Petites bêtes sans défense ?

Je me souvenais très bien de la vorace plante carnivore qui m'avait MANGÉ la cravate et du féroce crocodile qui avait essayé de me TRANCHER la queue !

Je marmonnai :

– Vraiment, moi, euh, je ferai de mon mieux…

Une seconde plus tard, tous les autres membres de la famille Ténébrax étaient là pour nous accueillir.

J'étais ému de l'AFFECTION qu'ils me témoignaient tous en me saluant. En vérité, le canarigarou essaya bien de m'**arracher** le nez d'un coup de dent… mais, cette fois, je m'y attendais et j'esquivai l'ATTAQUE !!!

KAFKA, le cafard domestique, essaya de faire PIPI sur mon pantalon, mais, ça aussi, je m'y **ATTENDAIS**, et je m'écartai juste avant qu'il commence.

Et ANÉMINE, la plante carnivore de garde, essaya de détacher un BOUTON de ma veste.

Elle me l'avait déjà fait à ma dernière visite à Châteaucrâne et je m'y **ATTENDAIS** aussi, mais elle réussit quand même !

Même la blague des jumeaux SGNIC et SGNAC, je m'y **ATTENDAIS** : ils avaient vaporisé dans un mouchoir de la poudre à éternuer, à base de piment. Si je ne

m'en étais pas aperçu, j'aurais éternué pendant des heures ! Hélas, je ne remarquai pas qu'ils avaient GLISSÉ DOLORES, la tarentule géante de mamie Crypte, dans ma valise !

Je ne m'en aperçus que de longues, longues, longues heures plus tard !

À part ces petits inconvénients, j'eus l'impression d'être de retour CHEZ MOI...

LA FRICASSÉE… M'A LASSÉ !

À un moment donné, la porte de la cuisine s'ouvrit.

Soudain, je fus enveloppé par les relents d'une odeur ÉPOUVANTABLE…

Je reconnus aussitôt cette pestilence : ça sentait la fricassée… de MONSIEUR JOSEPH !

Hélas, je ne connaissais que trop bien sa recette (mais j'aurais préféré n'en rien savoir !).

Monsieur Joseph, le cuisinier, apparut sur le seuil de la porte, essuyant ses mains CRASSEUSES à son tablier tout taché. Il m'adressa un sourire accueillant, il avait l'air vraiment CONTENT de me voir.

RECETTE DE LA FRICASSÉE DE MONSIEUR JOSEPH

Foie de lombric d'égout, chair de sangsue des marécages, pinces de scorpion noir, dards de guêpe géante, cuisses de chauve-souris, nids d'hirondelle, ailerons de requin, farine de termite rouge, filets de piranha, griffes d'iguane, œufs de bourdon, rate de crotale, venin de vipère.

– Ça faisait bien longtemps, monsieur Geronimo ! Je croyais que vous reviendriez plus tôt, puisque vous aviez tellement aimé ma FRICASSÉE... Vous voulez en goûter un petit peu ?

Je m'écriai aussitôt :

– Non, merci, je n'ai pas faim, j'ai déjà mangé et, de toute façon, je suis au **RÉGIME** !

– Vous avez peur de **GROSSIR** ? Vous savez, la fricassée, c'est léger, moi, je fais une cuisine **SAINE** ! D'ailleurs, j'expérimente une nouvelle recette... Goûtez-en au moins une louche ! Ou vous préférez attendre l'heure du REPAS ?

– Non, merci, je sors d'une gastrite et le docteur m'a dit que je devais éviter les SAUCES.

Monsieur Joseph était DÉÇU :

– Vous n'en voulez vraiment pas ? Pas même un tout petit peu ? Bon, je vous en mettrai de côté dans une THERMOS, ça la gardera bien au chaud, et si, plus tard, vous avez un petit creux…

Puis il m'expliqua, tout content, pourquoi la fricassée était ce jour-là plus succulente que d'habitude :

– Aujourd'hui, j'ai fait tremper dans le bouillon les chaussettes de mon cousin : il ne s'était pas lavé les pieds depuis Noël ! Et j'ai aussi ajouté trois beaux CHAMPIGNONS que j'ai trouvés à la cave (savoir s'ils sont vénéneux… bah, nous le découvrirons bientôt).

J'acceptai la Thermos de fricassée avec un **SOUPIR** (je savais bien que cela partait d'un bon sentiment) et m'adressai à Ténébreuse :

– Et maintenant, explique-moi ce qui se passe dans la **VALLÉE MYSTÉRIEUSE**.

QUI VEUT DÉTRUIRE LA NATURE ?

Qui menace votre château ?

– Tu le sauras bientôt, chouchou, nous allons t'expliquer cela lors d'une réunion de famille…

LE MYSTÉRIEUX CONTRAT DE VIPÉRIA VIPÉRIS

La réunion de famille des Ténébrax se déroula dans la bibliothèque du château, une vaste salle aux murs de pierre et aux plafonds voûtés. Il n'y avait pas de lampe : la pièce n'était éclairée que par quelques TORCHES accrochées aux murs. Tout autour, on ne voyait que des livres, des livres et encore des livres…

Les courants d'air faisaient ondoyer la lueur vacillante des flammes, traçant sur le sol des **OMBRES** inquiétantes.

Au centre de la salle se dressait une grande table qui, à première vue, pouvait paraître ronde, mais, lorsqu'on la regardait mieux, on découvrait qu'elle avait la forme d'un… CRÂNE !
Les Ténébrax m'attendaient en SILENCE, tous assis autour de la table ou, plutôt, du crâne. Mamie Crypte caressait sa TARENTULE Dolores ; grand-père Frankenstaïe bricolait sous

la table avec des éprouvettes et des alambics ; madame Latombe berçait son féroce canari-garou niché dans sa coiffure ; Sgnic et Sgnac échangeaient des REGARDS de connivence ; Bébé DORMAIT paisiblement dans un coin, couché dans son berceau d'acajou doublé de soie. Et, de temps en temps, on entendait dans le fossé la Chose qui GARGOUILLAIT, affamée.
Bref, tout était normal.
En tout cas, pour eux…
Souterrat Ténébrax prit enfin la parole :
– Comme vous le savez tous à l'exception de Geronimo, notre propriété est voisine des terrains de la comtesse Vipéria Vipéris…
À peine avait-il prononcé ce nom qu'un murmure de désapprobation s'éleva dans la salle.
Souterrat poursuivit :
– Vipéria est richissime : dans son château, les robinets sont en or massif, les sols sont pavés de

lapis-lazuli et les serviteurs font les poussières avec des chiffons de soie. Mais elle n'a jamais assez d'argent. Pour devenir encore plus riche, elle est prête à tout !

Les Ténébrax secouèrent la tête en murmurant :

– **C'est bien triste…**

UN VRAI TÉNÉBRAX NE VENDRAIT JAMAIS CHÂTEAUCRÂNE !

Souterrat reprit :

– Ainsi donc, Vipéria dit qu'elle a trouvé dans une **MALLE** un certificat qui date du début du XIXe siècle…

À cet instant précis, on entendit un **HURLEMENT**, la Chose bouillonna, rugit, gargouilla, puis, dans un grand splash, replongea dans la vase du fossé.

Je regardai les Ténébrax, perplexe, mais, pour eux, cela devait être un fait **NORMAL**, car personne n'y prêta attention.

Mais pourquoi donc personne ne se souciait de vérifier **QUI** ou **QUELLE CHOSE** avait hurlé ?

Comme si de rien n'était, Souterrat continua de parler :

– ... Vipéria dit qu'elle a trouvé un certificat selon lequel un de *nos* ancêtres, Antikaïe Ténébrax, aurait **vendu** Châteaucrâne à *son* ancêtre, Serpentine Vipéris...

Tous les Ténébrax s'écrièrent en chœur :

– IMPOSSIBLE ! *Un vrai Ténébrax ne vendrait jamais Châteaucrâne !*

Je regardai autour de moi.

Évidemment, le château était très lugubre, poussiéreux et rempli de **FANTÔMES** dans les coins sombres, et, avec cette Chose dans le fossé, il était difficile de faire plus INQUIÉTANT... Mais il était parfait pour les Ténébrax !

Pourquoi l'un d'eux aurait-il dû le vendre ?
Souterrat tendit à Ténébreuse une lettre de Vipéria, pour qu'elle la montre à tous.
Il était écrit :

Déguerpissez, Ténébrax !
Votre château m'appartient !
Voici les preuves…

À la lettre était jointe la copie d'un *étrange* **contrat** écrit avec une *étrange* encre décolorée, sur un *étrange* parchemin. Puis il y avait également la PHOTO d'un *étrange* tableau, représentant un rongeur et une rongeuse qui se serraient la PATTE derrière une table basse sur laquelle étaient étalés un parchemin et une plume d'oie posée dans un encrier.

– Tu vois, chouchou ? me fit noter Ténébreuse. Ce tableau représente ANTIKAÏE TÉNÉBRAX, notre ancêtre, juste après la signature du contrat de vente qu'il a conclu avec Serpentine. D'après Vipéria, c'est la preuve irréfutable que la vente a bien eu lieu !

– Pourquoi Vipéria n'a-t-elle pas parlé plus tôt de ce contrat et de ce TABLEAU ? demandai-je.

– Elle prétend ne les avoir découverts qu'il y a quelques jours...

Madame Latombe s'approcha de moi, inquiète, avec le canari-garou qui tremblait d'émotion.

– Vous comprenez, monsieur Geronimo ? Cela signifie que Châteaucrâne ne sera plus à NOUS !

Grand-père Frankenstaïe soupira :

– Cela signifie que je devrais quitter mon LABORATOIRE...

Le majordome se lamenta :

– Cela signifie que la famille devra abandonner sa demeure !

Monsieur Joseph demanda :

– Et qui s'occupera de nourrir la Chose ? Pauvre petite BÊTE, elle a l'estomac si *délicat*…

Enfin, mamie Crypte me fixa dans les **YEUX**.

– Mais Ténébreuse et toi, vous allez quand même vous MARIER, n'est-ce pas ?

L'OR DE CHÂTEAUCRÂNE

Souterrat annonça, lugubre :

– Savez-vous ce que veut faire cette VIPÈRE de comtesse Vipéria ?

Madame Latombe s'écria :

– Nous le savons ! Elle veut raser Châteaucrâne, parce qu'elle veut qu'il n'y ait qu'un SEUL château quand la vallée Mystérieuse, le sien !

Et Ténébreuse :

– En plus, elle veut ARRACHER toutes les plantes de notre parc…

Et grand-père Frankenstaïe :

– Puis elle veut recouvrir tous les champs de BÉTON, pour faire une autoroute, un centre commercial…

– Une autoroute ? demandai-je.

– Mais oui ! Elle a besoin d'une autoroute pour faire circuler les camions qui **TRANSPORTERONT** l'or...

Je demandai, ahuri :

– **L'OR ?** Quel or ?

Souterrat expliqua :

– Au pied de la colline sur laquelle se dresse notre château, il y a une vieille **MINE** abandonnée... Il paraît que Vipéria a fait des recherches : elle aurait découvert qu'il reste de l'**OR**, beaucoup d'**OR**, des montagnes d'**OR**...

– Et Vipéria veut s'en emparer, pour devenir encore plus RICHE… ajouta mamie Crypte.

Grand-père Frankenstaïe soupira :

– Vipéria a déjà pris contact avec une grande ENTREPRISE d'excavation qui va commencer les travaux d'un jour à l'autre !

Madame Latombe éclata en SANGLOTS.

– On nous a ordonné de faire nos valises sur-le-champ ! Mais où IRONS-nous ? Que va devenir mon féroce canari-garou ?

TU DEVRAS D'ABORD PASSER SUR NOS MOMIES !

Soudain, on entendit dehors un vacarme d'enfer. Nous nous PRÉCIPITÂMES aux fenêtres, inquiets. Les bulldozers venaient d'arriver ! Autour du château manœuvraient une foule de pelles mécaniques et de camions, et des équipes de TECHNICIENS couraient en tous sens.

Aussitôt, une rongeuse GRANDE et MAIGRE, au museau osseux et à la voix stridente, s'approcha du pont-levis et hurla dans un MÉGAPHONE :

– Ténébrax, je vous le dis pour la dernière fois : sortez d'ici, et tout de suite ! Désormais, ce château est à

Sortez d'ici !

MOI, rien qu'à MOI, tout à MOI, compris ? C'est clair ?

Souterrat se mit à la fenêtre et hurla :

– NOUS NE PARTIRONS JAMAIS ! Tu devras d'abord passer sur nos momies !

Le majordome se hâta de relever le pont-levis, pour que plus personne ne puisse entrer. Vipéria tapa du pied par terre, fâchée.

– Tant pis pour vous ! Si vous ne voulez pas entendre raison, je devrai recourir à la manière FORTE !

Puis, s'adressant aux ouvriers, elle ordonna :

– Démolissez-moi ce château à coups de PIOCHE, ou plutôt à coups de canon !

L'un des ouvriers tenta de la raisonner :

– Mais, comtesse, on ne peut pas… on ne peut pas démolir à coups de pioche le château des Ténébrax… et pas même à coups de CANON !

– Et pourquoi pas ? hurla Vipéria, furieuse.

– Parce que, dedans, il y a les TÉNÉBRAX…

Vipéria hurla, brandissant le poing en signe de **menace** :

– Je vous chasserai de là, usurpateurs ! Châteaucrâne est à MOI, rien qu'à MOI, tout à MOI !

Un autre ouvrier lui demanda :

– Mais pourquoi voulez-vous **DÉMOLIR** le château des Ténébrax, comtesse ? Il est lugubre, d'accord, un peu poussiéreux, plein de toiles d'araignée et sûrement rempli de **FANTÔMES** dans les coins sombres… mais c'est ce qui fait son charme ! Pour extraire l'or, il suffirait de passer de l'autre côté de la colline… L'entrée de la mine se trouve là !

Mais Vipéria hurla :

– Tais-toi, tu ne comprends **rien** ! Désormais, dans la vallée Mystérieuse, il n'y aura qu'un seul château… le MIEN !

Et elle répéta aux ouvriers :

– Démolissez Châteaucrâne !

DÉMOLISSEZ-LE !

DÉMOLISSEZ-LE !

DÉMOLISSEZ-LE !

DÉMOLISSEZ-LE !

Puis, voyant que les ouvriers hésitaient encore, elle cria à pleins poumons :
– BÉTONET ! Appelez-moi Bétonet ! Tout de suite !
Un haut-parleur hurla :
– Bétonet ! Le GÉOMÈTRE Bétonet est attendu par la comtesse Vipéria !
Le fameux Bétonet arriva au pas de course. C'était un sourisâtre large comme une **ARMOIRE**, haut comme une **ARMOIRE**, massif comme une **ARMOIRE**.
Il avait des mains larges comme des **BÊCHES**, robustes comme des **BÊCHES**, fortes comme des **BÊCHES**. Il avait le pelage gris ciment, des cheveux hérissés comme des clous, des dents blanches comme du marbre.
Lorsqu'il ouvrit la bouche, ce fut pour hurler d'une voix stridente comme la sirène d'une usine :
– Qu'est-ce qui se passe ici, bande de ramollis ? *On n'est pas là pour pique-niquer !* On est là

pour casser, pour démolir, pour dévaster ! Pourquoi n'avez-vous pas commencé à ABATTRE ces vieilles ruines ? Et pourquoi n'avez-vous pas encore VAPORISÉ du désherbant sur les horribles plantes du parc ? Et pourquoi n'avez-vous pas encore fait place NETTE de tous ces animaux monstrueux ? *On n'est pas là pour pique-niquer !* Et surtout, pourquoi n'avez-vous pas encore étalé une bonne couche de BÉTON sur les champs, comme je vous l'ai ordonné ? *On n'est pas là pour pique-niquer !* Rappelez-vous notre devise :

Bétonner, bétonner, bétonner !

Vive le béton !

VIVE LE BÉTON !

La comtesse Vipéria ricana :

– Bravo, Bétonet… Montre-leur la marche à suivre !

Bétonet dit :

– Je m'en occupe, madame la comtesse ! Je vais leur donner le bon EXEMPLE, moi ! *On n'est pas là pour pique-niquer !* Vous allez voir…

Et, sur ces mots, il empoigna une PIOCHE et s'ÉLANÇA vers le château en criant :

– VIVE LE BÉTON !

Il n'avait pas fini de pousser son cri que, du haut de la tour, monsieur Joseph lui versa sur la tête un plein chaudron de fricassée fumante, le recouvrant ainsi d'une bouillasse PUANTE !

Splash !

L'autre se débattit, toussa, crachota, puis, se reprenant, hurla :

– HA, VOUS FAITES LES MALINS, HEIN ? Vous allez voir ce que vous allez voir ! Si je ne peux pas démolir le château en passant par en haut, je passerai par en bas !

Il ordonna aux ouvriers :

– Suivez-moi ! Nous entrerons par la vieille mine d'or, qui passe juste en dessous du château et nous le détruirons par les fondations !

Je l'entendis finalement crier :

– **CHARGEZ !**

Je me penchai et le vis qui démolissait à coups de pioche les planches vermoulues qui fermaient l'entrée de la mine, puis, armé d'un marteau-piqueur, il commença à forer les fondations de Châteaucrâne.

Toum-toum-toutoummm !

Voyant que ses ouvriers ne mettaient pas assez de cœur à l'ouvrage, il hurla :

– *On n'est pas là pour pique-niquer !* Remuez-vous un peu ou je vous **VIRE** !
Résignés, les ouvriers commencèrent eux aussi à creuser dans les entrailles de la colline.
Châteaucrâne sursautait, les carreaux vibraient, les murs tremblaient, les portes des armoires CLAQUAIENT sans cesse et les assiettes Tintinnabulaient…
Ténébreuse cria pour couvrir ce vacarme :
– Il faut les arrêter… et tout de suite ! Viens, chouchou, j'ai une idée…

MILLE ET UNE MANIÈRES DE S'ÉPILER LES MOUSTACHES

Ténébreuse prit deux draps, y découpa des TROUS pour les yeux, en mit un et me fit endosser l'autre. Puis elle courut dans la bibliothèque, en chicotant :

– Vite, chouchou, trouve un livre intitulé *Mille et une manières de s'épiler les moustaches* !

Je bégayai, surpris :

– Quel rapport ont les MOUSTACHES avec notre affaire?

Ténébreuse ricana :

– Aucun rapport ! Mais, quand on déplace ce livre, on ouvre un PASSAGE SECRET...

Sur l'étagère de la bibliothèque, je pris le volume intitulé *MILLE ET UNE MANIÈRES DE S'ÉPILER LES MOUSTACHES.*

Je l'avais à peine soulevé que le corps de bibliothèque pivota en grinçant, dévoilant un escalier obscur.

Ténébreuse s'élança aussitôt dans l'escalier.

– Suis-moi, Geronimo, mais fais attention à ne pas te prendre les PATTES dans le drap…

Trop tard ! Je DÉVALAIS déjà les marches en roulant, jusqu'à ce que mon museau s'écrase sur un rail !

Je me relevai pour découvrir que je me trouvais au cœur de la vieille mine. Il faisait très sombre et il régnait une puanteur RANCE. Soudain, mon pied heurta quelque chose : on aurait dit un CARNET relié en cuir. Je le ramassai et le glissai dans ma poche, mais sans le regarder davantage, car je sentis dans mon dos un COURANT D'AIR qui hérissa mon pelage. C'était comme si quelqu'un m'avait SOUFFLÉ dans le cou. Quelqu'un qui avait une haleine GLACIALE, comme celle d'un…

– Fantôme ! Au secours, il y a un **FANTÔME** !

Il était là, blanc et spectral, avec deux étranges yeux **verts**…

– Du calme, chouchou, c'est moi !

Pourquoi le fantôme parlait-il avec la voix de Ténébreuse, pourquoi avait-il des yeux de la même couleur que ceux de Ténébreuse et pourquoi ressemblait-il autant à… Ténébreuse ?

– Tu ne me reconnais pas, chouchou ? C'est moi, Ténébreuse !
Puis elle me fit un CLIN D'ŒIL sous son drap de fantôme.
– Je t'ai fait PEUR, hein ? Maintenant, suis-moi, nous allons ficher une belle frousse à ces casseurs de château !
Ténébreuse et moi, dissimulés sous nos DRAPS, nous approchâmes furtivement des ouvriers qui travaillaient dans la mine.

Puis nous bondîmes brusquement en avant, en hurlant :

BOUUUUUUUUUUH !
BOUUUUUUUUUUH !
BOUUUUUUUUUUH !

Ils furent épouvantés au maximum !
Et nous parvînmes à semer la PANIQUE dans leurs rangs et à interrompre les travaux pour la journée.
Hélas, le lendemain, ils étaient de retour, parce que Vipéria avait obligé Bétonet à retourner au travail et que le géomètre avait forcé les ouvriers à recommencer à CREUSER.
Mais je décidai de tout faire pour les arrêter : je ne voulais pas que les Ténébrax perdent Châteaucrâne avec son étrange parc de PLANTES RARES et ses ÉTRANGES ANIMAUX en voie d'extinction.

CHER JOURNAL…

Plus je réfléchissais à cette histoire, plus j'étais convaincu qu'il y avait là-dedans quelque chose de bizarre.

Aussi, je téléphonai à ma sœur Téa et lui demandai : 1. de faire des recherches sur Serpentine Vipéris et Antikaïe Ténébrax ; 2. de se procurer une COPIE du contrat de vente ; 3. de faire EXAMINER par la directrice du musée de Sourisia le tableau représentant Serpentine et Antikaïe à l'occasion de la signature du contrat. Il faudrait qu'elles se rendent au château des Vipéris, mais au moins la directrice pourrait-elle déterminer si le tableau était vraiment ancien !

Après quoi, j'allai voir tous les Ténébrax et les bombardai de questions :

– Pourquoi Antikaïe aurait-il VENDU le château ? Avait-il besoin d'ARGENT ? En avait-il ASSEZ de vivre dans la vallée Mystérieuse ? Était-il devenu allergique aux ARAIGNÉES ?

Mais je n'obtins aucune réponse…

Plusieurs heures s'étaient écoulées quand mon portable sonna. C'était Téa.

– Salut, frérot, tu es assis ? J'ai des nouvelles incroyables !

Les nouvelles assourissantes étaient les suivantes :

1. Antikaïe Ténébrax était richissime : c'est lui qui avait découvert la mine d'or sous Châteaucrâne ! Serpentine Vipéris, elle, n'était que… sa SECRÉTAIRE !

2. Hélas, Téa n'avait pas pu se procurer une copie du contrat de vente : les archives de la vallée Mystérieuse avaient BRÛLÉ la semaine précédente !

3. Le tableau était vraiment ancien !

Dès que j'eus raccroché, je me mis à RÉFLÉCHIR…

Si Antikaïe était aussi riche, pourquoi avait-il décidé de vendre son château ?

Et comment sa secrétaire avait-elle fait pour s'enrichir au point de pouvoir lui ACHETER le château ?

Le tableau avait vraiment été peint au XIXe siècle… mais nous ne pouvions pas savoir si le contrat était authentique, puisque les archives avaient été détruites par un incendie. Ce qui était très SUSPECT. Je n'y comprenais plus rien !

Soudain, je me souvins du CARNET que j'avais trouvé dans la mine. Je l'examinai attentivement : il était ancien. Très ancien. La couverture était reliée en cuir marron, et un titre en or décoloré par le temps y était imprimé… Je distinguai un S, un E, un R… puis un P… J'écarquillai les yeux : il était écrit SERPENTINE ! Je feuilletai nerveusement le carnet et, ahuri, lus à haute voix devant tous les Ténébrax :

– « Cher journal, voici mon plan pour m'emparer de Châteaucrâne ! »

Je continuai ma lecture :

– « Je veux voler le château d'Antikaïe, parce que j'avais décidé de l'épouser… mais il ne veut pas de moi ! J'ai décidé de me venger, parole de Serpentine Vipéris ! »

Tous les Ténébrax murmurèrent :

– **Oooooh !**

Je poursuivis ma lecture :

– « J'ai préparé un faux contrat, sur lequel il est

écrit qu'Antikaïe me vend son château. J'ai également fait peindre un tableau qui nous représente en train de signer le contrat, afin que tout soit plus crédible ! »

Tout le monde s'écria :

– Mais alors Antikaïe n'a jamais vendu le château ! Vipéris ne peut pas réclamer Châteaucrâne !

Le document était ancien, mais FAUX. Et le TABLEAU aussi était faux, car il représentait quelque chose qui ne s'était jamais passé… J'étais de plus en plus curieux. Savoir comment allait finir cette étrange *histoire d'amour*, qui avait commencé plus de deux cents ans plus tôt ?

Je tournai la page, et voici ce qui était écrit :

– « Cher journal, je me suis repentie et j'ai tout avoué à Antikaïe. Il a été très ému, il m'a pardonné, il m'a dit qu'il appréciait ma sincérité, il m'a invitée à dîner et… »

Je tournai encore une page et trouvai des FLEURS d'oranger glissées dans le carnet.

Je lus la dernière phrase du *journal* :

– « Bref, cher journal, finalement, nous nous sommes mariés !!! En cadeau de noces, mon Antikaïe a fait construire un château dans lequel il a installé

ma famille : ainsi, les Vipéris et les Ténébrax vivront toujours en bons voisins dans la vallée Mystérieuse ! »

Tous les Ténébrax hurlèrent :

– Hourra ! Comme c'est beau ! Ils s'aimèrent et ils se marièrent ! Tout comme Geronimo et TÉNÉBREUSE !

Mamie Crypte se moucha dans la manche de ma veste, émue.

– Mariez-vous tout de suite ! Geronimo, fais ça pour moi, je pourrais être ta grand-mère !

Et grand-père Frankenstaïe :

– Je prépare les FEUX D'ARTIFICE !

Et monsieur Joseph :

– Pour le repas de noces, c'est FRICASSÉE pour tout le monde !

Et Souterrat :

– Et pour le voyage de noces, je vous prête mon **CORBILLARD** ! Avec le cercueil et tout le bataclan !

Tu aurais pu le dire plus tôt, Geronimo !

Ténébreuse s'approcha d'un air décidé.

– Chouchou, maintenant que les Ténébrax ont récupéré Châteaucrâne, tu n'as plus d'excuses !

Je bafouillai :

– Je ne sais pas, je ne comprends pas…

– Comment ça, tu ne comprends pas ? Nous devons décider de la date du *mariage* !

Je murmurai, embarrassé :

– Ténébreuse, j'ai beaucoup d'estime pour toi, mais je ne veux pas t'épouser…

Elle me regarda, **FURIEUSE**, de ses sombres yeux verts.

– Ah ben tu aurais pu le dire plus tôt…

Je criai :

– Mais je te le répète depuis que nous nous connaissons ! **Je t'ai toujours dit que JE NE VOULAIS PAS T'ÉPOUSER !**

Elle répondit, très calme :

– Vraiment ? Je n'ai jamais entendu cela…

Je soupirai, exaspéré :

– Pourtant, je l'ai toujours DIT et RÉPÉTÉ et…

Mais elle ne m'écoutait plus.
Elle était déjà en train de téléphoner à une amie :
– Allô ? Ma chérie ? J'ai une NOUVELLE inouïe… tu ne devineras jamais… te souviens de mon fiancé… ce gars, *ou plutôt ce rat*, très comme il faut mais tellement RASOIR, le pauvre… toujours à parler de livres et du bureau… bon, tu vois qui je veux dire ? Oui, *Geronimo Stilton*… c'est toi qui avais raison, il est vraiment très RASOIR… eh oui, tu as raison, c'est un cas désespéré…
Puis elle soupira :
– Bon, en tout cas, voici la nouvelle : j'ai décidé de ROMPRE les fiançailles ! Je le plaque, là, ça lui fera les pieds !
Quand elle eut raccroché, elle se tourna vers moi, et SOUPIRA encore :
– Je viens d'apprendre la nouvelle à ma meilleure amie ! Figure-toi qu'elle m'a dit que j'avais RAISON, qu'elle se demandait même comment j'avais fait pour te supporter aussi long-

temps, et que les rongeurs bien plus intéressants que toi ne manquent pas sur l'île des Souris, et qu'ils n'attendent qu'une occasion pour épouser une souris comme moi…

Je demandai, vexé :

– On peut savoir le nom de cette amie ? Et comment se permet-elle ?

Elle ricana :

– C'est Téa, ta sœur !

J'allais répondre, mais mon téléphone sonna.

C'était Téa !

– Geronimo, pourquoi es-tu si RASOIR ? Maintenant, si même Ténébreuse te quitte, qui va t'épouser ?

Je hurlai :

– S'il te plaît, fiche-moi la PAIX ! Et que tout le monde prenne bien note :

JE-NE-VEUX-PAS-ME-MARIER !

C'est alors que mon portable m'indiqua que je venais de recevoir un SMS : l'agence de presse **L'INFORMATION N'ATTEND PAS** m'envoyait un scoop de dernière minute…
Je n'en croyais pas mes **YEUX**…
Au même moment, mon téléphone **sonna**, c'étaient des amis et des parents qui appelaient pour me *consoler*.
Je rentrai à Sourisia par le **TRAIN**, tout seul.
Une fois arrivé, je me dirigeai vers la maison, en **TRAÎNANT** les pattes : ce n'avait pas été facile d'éclaircir la situation avec Ténébreuse ! Et je n'aimais pas être traité de **RASOIR** !

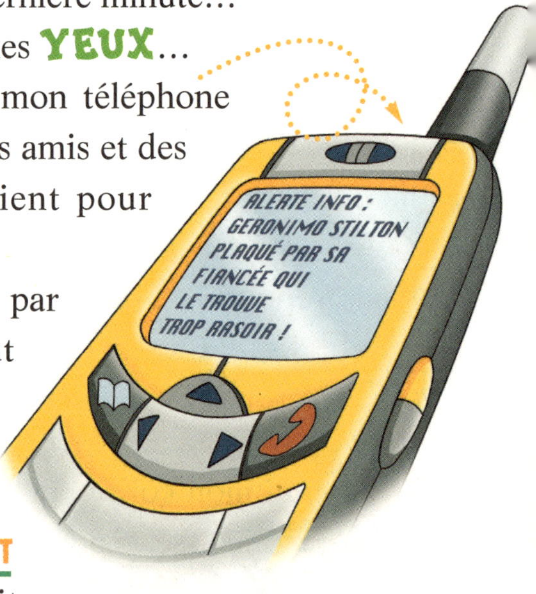

En traversant la place principale de Sourisia, je découvris mon visage qui s'affichait sur un écran géant, avec un bandeau qui DÉFILAIT :

ALERTE INFO :
LE DIRECTEUR
DE L'ÉCHO DU RONGEUR
PLAQUÉ PARCE QU'IL
EST RASOIR !

Je remontai mon col sur mon museau pour qu'on ne me reconnaisse pas et ainsi, furtif comme un voleur, je TROTTINAI jusqu'au 8 de la rue du Faubourg-du-Rat.

Mais, arrivé devant chez moi, je tombai sur une foule de journalistes qui voulaient m'INTERVIEWER.
Slalomant entre les micros et les caméras, je réussis à entrer chez moi et je refermai la porte avec un soupir de soulagement.
J'allumai la TÉLÉVISION, mais on ne parlait que de moi.
Je branchai la RADIO, mais on ne parlait que de moi.

Je relevai mon courrier électronique, mais il n'y avait que des e-mails parlant du fait que j'étais rasoir.

Je criai :

– ÇA SUFFIIIIIIIIIIIIIIIIT !

Puis je compris ce que je devais faire.

Je me rendis aussitôt à *l'Écho du rongeur* et écrivis un article racontant la vérité : c'est-à-dire que Ténébreuse et moi avions été et resterions toujours de bons amis, parce qu'elle était une rongeuse fantasouristique et que j'avais la plus grande estime pour elle. J'ajoutai que c'était tout, et que nous avions le droit de ne rien dire de plus, parce que nos sentiments ne regardaient que nous et je demandai courtoisement à chacun de nous laisser TRANQUILLES.

Le lendemain, le journal se vendit comme des petits pains : tout le monde voulait lire mon article !

Heureusement, j'avais réussi à convaincre tout le monde de nous laisser TRANQUILLES, et depuis lors plus personne ne nous posa de questions indiscrètes, ni à elle ni à moi. Les JOURS passèrent, puis les SEMAINES, jusqu'à ce que…

VOICI LA SURPRISE !

Vous voulez savoir comment tout cela s'est terminé ?

Vous êtes CURIEUX, hein ?

Eh bien je vais vous le raconter…

Le jardin de Châteaucrâne fut classé PARC NATIONAL et placé sous l'autorité du ministère de l'Environnement de l'île des Souris.

Quant à Ténébreuse…

Malgré tout, nous sommes restés très amis.

Écoutez donc cela…

L'autre nuit, mon téléphone a sonné. Il était très tard… il faisait NUIT noire !

Comme je dormais (évidemment, il faisait nuit noire), je marmonnai :

– Allô, ici Stilton, *Geronimo Stilton*. Qui est à l'appareil ?

C'était Ténébreuse, qui cria tout EXCITÉE :

– Chouchou ! J'ai une grande nouvelle !

Je bâillai :

– Vraiment ?

Elle poursuivit :

– Laisse-moi te raconter…

1. Hier, je suis allée au *théâtre* avec ma nièce Frissonnette…

2. C'était un nouveau spectacle très amusant, une comédie musicale…

3. Nous avons beaucoup ri et nous avons passé une bonne soirée…

4. Le rongeur assis à côté de moi riait aussi beaucoup…

5. Alors je l'ai **REGARDÉ**…

6. Il était mignon…

7. Il était intéressant…

8. Je lui ai **SOURI**…

9. Il m'a SOURI...
10. Bref... je suis amoureuse...

Elle conclut :

– Bref, je suis tombée amoureuse de ce rongeur que le destin a placé près de moi ! Il me plaît beaucoup, parce qu'il est TIMIDE, NÉVROSÉ, *intellectuel*... comme toi ! Il ne sait pas encore que nous nous fiancerons bientôt, mais j'ai décidé que nous passerons toute notre vie ensemble, parce que nous sommes faits l'un pour l'autre ! J'ai déjà commandé une robe de mariée à la dernière mode, je serai très *élégante*. Bon, je te laisse, chouchou, je dois faire la liste des invités...

Je dis avec enthousiasme :

– Tu es amoureuse ?
Mais c'est fantastique !
Je suis heureux pour toi !

Chéri !

Elle me remercia :

– Merci, Geronimo. Maintenant, seulement, je comprends que tu m'aimes vraiment... et que tu seras toujours pour moi un ami merveilleux.

Nous continuâmes à bavarder, proches l'un de l'autre comme nous ne l'avions jamais été, et le temps passa à toute vitesse, les étoiles s'éteignirent dans le ciel, la lune céda la place au soleil et l'aube mouilla le ciel de Sourisia d'une douce clarté ROSÉE.

Alors, nous nous dîmes au revoir, affectueusement, et chacun retourna à sa vie.

Un autre jour, une autre vie pour TÉNÉBREUSE TÉNÉBRAX... la rongeuse la plus fantastique que je connaisse.

Tous mes vœux, Ténébreuse... Que la vie t'apporte tout ce que tu désires, tout ce que tu mérites !

Ah, au fait, j'ai appris que le nouveau « FIANCÉ » de Ténébreuse est un gars, *ou plutôt un rat,* très comme il faut, qui me ressemble en effet beaucoup, et même vraiment beaucoup : c'est un rongeur *intellectuel* comme moi… TIMIDE comme moi… FROUSSARD comme moi… sentimental comme moi…

Et voilà pourquoi il plaît tant à Ténébreuse !

Parole de *Geronimo Stilton* !

TABLE DES MATIÈRES

Geronimo Stilton

DANS LA MÊME COLLECTION

1. Le Sourire de Mona Sourisa
2. Le Galion des chats pirates
3. Un sorbet aux mouches pour monsieur le Comte
4. Le Mystérieux Manuscrit de Nostraratus
5. Un grand cappuccino pour Geronimo
6. Le Fantôme du métro
7. Mon nom est Stilton, Geronimo Stilton
8. Le Mystère de l'œil d'émeraude
9. Quatre Souris dans la Jungle-Noire
10. Bienvenue à Castel Radin
11. Bas les pattes, tête de reblochon !
12. L'amour, c'est comme le fromage...
13. Gare au yeti !
14. Le Mystère de la pyramide de fromage
15. Par mille mimolettes, j'ai gagné au Ratoloto !
16. Joyeux Noël, Stilton !
17. Le Secret de la famille Ténébrax
18. Un week-end d'enfer pour Geronimo
19. Le Mystère du trésor disparu
20. Drôles de vacances pour Geronimo !
21. Un camping-car jaune fromage
22. Le Château de Moustimiaou
23. Le Bal des Ténébrax
24. Le Marathon du siècle
25. Le Temple du Rubis de feu
26. Le Championnat du monde de blagues
27. Des vacances de rêve à la pension Bellerate
28. Champion de foot !
29. Le Mystérieux Voleur de fromage
30. Comment devenir une super souris en quatre jours et demi
31. Un vrai gentilrat ne pue pas !

32. Quatre Souris au Far West
33. Ouille, ouille, ouille… quelle trouille !
34. Le karaté, c'est pas pour les ratés !
35. L'Île au trésor fantôme
36. Attention les moustaches… Sourigon arrive !
37. Au secours, Patty Spring débarque !
38. La Vallée des squelettes géants
39. Opération sauvetage
40. Retour à Castel Radin
41. Enquête dans les égouts puants
42. Mot de passe : Tiramisu
43. Dur dur d'être une super souris !
44. Le Secret de la momie
45. Qui a volé le diamant géant ?
46. À l'école du fromage
47. Un Noël assourissant !
48. Le Kilimandjaro, c'est pas pour les zéros !
49. Panique au Grand Hôtel
50. Bizarres, bizarres, ces fromages !
51. Neige en juillet, moustaches gelées !
52. Camping aux chutes du Niagara
53. Agent secret Zéro Zéro K
54. Le Secret du lac disparu
55. Kidnapping chez les Ténébrax !
56. Gare au calamar !
57. Le vélo, c'est pas pour les ramollos !
58. Expédition dans les collines Noires

- Hors-série

  Le Voyage dans le temps (tome I)
  Le Voyage dans le temps (tome II)
  Le Royaume de la Fantaisie
  Le Royaume du Bonheur
  Le Royaume de la Magie
  Le Royaume des Dragons
  Le Secret du courage
  Énigme aux jeux Olympiques

- **Téa Sisters**
  - Le Code du dragon
  - Le Mystère de la montagne rouge
  - La Cité secrète
  - Mystère à Paris
  - Le Vaisseau fantôme
  - New York New York !
  - Le Trésor sous la glace
  - Destination étoiles
  - La Disparue du clan MacMouse
  - Le Secret des marionnettes japonaises
  - La Piste du scarabée bleu

- **Le Collège de Raxford**
  - Téa Sisters contre Vanilla Girls
  - Le Journal intime de Colette
  - Vent de panique à Raxford
  - Les Reines de la danse
  - Un projet top secret !
  - Cinq amies pour un spectacle

- **Les classiques racontés par Geronimo Stilton**
  - Robin des Bois
  - L'Île au trésor
  - Le Livre de la jungle

1. Entrée
2. Imprimerie (où l'on imprime les livres et le journal)
3. Administration
4. Rédaction (où travaillent les rédacteurs, les maquettistes et les illustrateurs)
5. Bureau de Geronimo Stilton
6. Piste d'atterrissage pour hélicoptère

1
2
3
4
5
6
7
8
9
10
11
12
13
14
15
16
17
18
19
20
21
22
23
24
25
26
27
28
29
30
31
32
33
34
35
36
37
38
39
40
41
42
43
44
45
46
Fleuve Souris
Plage

Sourisia, la ville des Souris

1. Zone industrielle de Sourisia
2. Usine de fromages
3. Aéroport
4. Télévision et radio
5. Marché aux fromages
6. Marché aux poissons
7. Hôtel de ville
8. Château de Snobinailles
9. Sept collines de Sourisia
10. Gare
11. Centre commercial
12. Cinéma
13. Gymnase
14. Salle de concerts
15. Place de la Pierre-qui-Chante
16. Théâtre Tortillon
17. Grand Hôtel
18. Hôpital
19. Jardin botanique
20. Bazar des Puces-qui-boitent
21. Maison de tante Toupie et de Benjamin
22. Musée d'Art moderne
23. Université et bibliothèque
24. La Gazette du rat
25. L'Écho du rongeur
26. Maison de Traquenard
27. Quartier de la mode
28. Restaurant du Fromage d'or
29. Centre pour la Protection de la mer et de l'environnement
30. Capitainerie du port
31. Stade
32. Terrain de golf
33. Piscine
34. Tennis
35. Parc d'attractions
36. Maison de Geronimo Stilton
37. Quartier des antiquaires
38. Librairie
39. Chantiers navals
40. Maison de Téa
41. Port
42. Phare
43. Statue de la Liberté
44. Bureau de Farfouin Scouit
45. Maison de Patty Spring
46. Maison de grand-père Honoré

Île Corsaire
Vers le détroit du Rapt-à-Rat
Ici passent les baleines
Île Tortue
Galion des chats pirates
Atoll des îles Bienheureuses
Baie des Dauphins
Golfe de la Dent cariée
Archipel d'Égout putride
Barrière de corail
Port-Relent
Vers l'océan Ratonique méridional
Rade du Chat errant
Port-Beurk
Roquefort
Port-Souris
Vers la mer des Vibrisses vibrants
Ici, requins !
SOURISIA
Port-Croûton
Phare Pelliculeux
Île Épilée
Épave affleurant
Vers la mer des Sourgasses
Île des Souris
1
2
3
4
5
6
7
8
9
10
11
12
13
14
15
16
17
18
19
20
21
22
23
24
25
26
27
28
29
30
31
32
33
34
35
36
37

Île des Souris

1. Grand Lac de glace
2. Pic de la Fourrure gelée
3. Pic du Tienvoiladéglaçons
4. Pic du Chteracontpacequilfaifroid
5. Sourikistan
6. Transourisie
7. Pic du Vampire
8. Volcan Souricifer
9. Lac de Soufre
10. Col du Chat Las
11. Pic du Putois
12. Forêt-Obscure
13. Vallée des Vampires vaniteux
14. Pic du Frisson
15. Col de la Ligne d'Ombre

16. Castel Radin
17. Parc national pour la défense de la nature
18. Las Ratayas Marinas
19. Forêt des Fossiles
20. Lac Lac
21. Lac Lac Lac
22. Lac Laclaclac
23. Roc Beaufort
24. Château de Moustimiaou
25. Vallée des Séquoias géants
26. Fontaine de Fondue
27. Marais sulfureux
28. Geyser
29. Vallée des Rats
30. Vallée Radégoûtante
31. Marais des Moustiques
32. Castel Comté
33. Désert du Souhara
34. Oasis du Chameau crachoteur
35. Pointe Cabochon
36. Jungle-Noire
37. Rio Mosquito

Au revoir, chers amis rongeurs, et à bientôt pour de nouvelles aventures.
Des aventures au poil, parole de Stilton, de…

Geronimo Stilton